はじめに

　「イラストで覚える韓国語」シリーズは、より自然で豊かな韓国語の上達を目指す韓国語学習者のため、韓国語能力を向上させることはもちろん、韓国の文化と韓国人の考え方を楽しく学び、身につけてほしいという願いを込めて制作しました。よく聞く言葉なのに、どういうことなのかわからなくて困ったり、意味は伝わるけどそのまま日本語にしてしまうとなんとなく違和感を覚えてしまうような表現はありませんか？本シリーズでは、そのような韓国語の「慣用表現」「ことわざ」「四字熟語」を敢えて直訳のイラストで提示し、韓国語の表現そのものの面白さを直観的に理解し楽しく覚えることができるよう構成しました。

　本書は、「イラストで覚える韓国語」シリーズの「四字熟語」編です。本書では、ハングル能力検定試験準2級以上と韓国語能力検定試験（TOPIK）Ⅱ（3級～6級）の語彙の中から、特に重要度の高い「四字熟語」120語を収録しました。韓国人の生活と意識、社会像を盛り込んだ多様な例文から実際にどのように使うかを調べることができます。さらに、確認問題を通して自分の習得の定着を図りながら学習を進めることができるよう工夫しました。検定試験の対策として、そして学校や仕事の休み時間、電車やバスのちょっとした移動時間に気軽にご活用ください。本シリーズを通して、韓国人も驚かせる豊かで自然な韓国語表現

を使えるようになっていただければ幸いです。

　最後になりますが、本書に収録した直訳イラストは、山口県立大学の卒業生の西春菜さんによるものです。また、本シリーズの出版を快く引き受けてくださった出版社日本法人博英社の中嶋啓太代表取締役をはじめ、金善敬編集委員、編集部のみなさまには大変お世話になりました。みなさまに心より感謝申し上げます。

2023 年 1 月吉日
著者一同

まえがき

本書は次のような方にお勧めです。

面白い絵と豊富な例文で学びたい！

　韓国人の生活と意識、社会像を盛り込んだ表現を面白いイラストで理解し、例文を通して実際にどのように使うかを調べることができます。イラストで直感的に覚え、例文を通して自然な韓国語になれていきましょう。

韓国語の検定試験の対策として使いたい！

　ハングル能力検定試験準2級以上と韓国語能力検定試験（TOPIK）Ⅱ（3級〜6級）の語彙の中から、特に重要度の高い表現（四字熟語120語）を収録しました。また、10個の表現ごとに確認問題を設定しました。それぞれのペースに合わせて自分の習得の定着を図りながら学習を進めることができます。

移動や休憩の隙間時間に、気軽に韓国語を覚えたい！

　本書は無料の音声ファイルをダウンロードしてお使いいただけます。したがって本書を読み進めながら目と耳で学習することも、音声を携帯音声プレーヤーなどに入れて、通勤・通学の移動時間や休憩時

間に耳だけで学習することもできます。音声ファイルでは、一つの見出し語について韓国語が２回音読されます。最初は普通のスピードで、２回目は少しゆっくりとしたスピードで音読されます。最初は速く感じるかもしれませんが、繰り返し聞いて慣れていきましょう。また、次の見出し語の前にはポーズが入ります。このポーズの間に日本語の意味を思い出したり、口に出して発音したりするとより効果的な練習ができるでしょう。

本書の構成

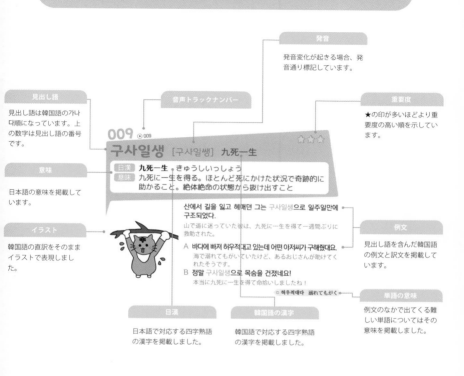

発音
発音変化が起きる場合、発音通り標記しています。

見出し語
見出し語は韓国語の가나다順になっています。上の数字は見出し語の番号です。

音声トラックナンバー

重要度
★の印が多いほどより重要度の高い順を示しています。

意味
日本語の意味を掲載しています。

009 ▶ 009

구사일생 [구사일썽] 九死一生 ★★☆

日漢 九死一生 きゅうしいっしょう
意味 九死に一生を得る。ほとんど死にかけた状況で奇跡的に助かること。絶体絶命の状態から抜け出すこと

산에서 길을 잃고 헤매던 그는 구사일생으로 일주일만에 구조되었다.
山で道に迷っていた彼は、九死に一生を得て一週間ぶりに救助された。

A 바다에 빠져 허우적대고 있는데 어떤 아저씨가 구해줬대요.
　海で溺れてもがいていたけど、あるおじさんが助けてくれたそうです。

B 정말 구사일생으로 목숨을 건졌네요!
　本当に九死に一生を得て命拾いしましたね!

　◦ 허우적대다　崩れてもがく ◦

イラスト
韓国語の直訳をそのままイラストで表現しました。

例文
見出し語を含んだ韓国語の例文と訳文を掲載しています。

単語の意味
例文のなかで出てくる難しい単語についてはその意味を掲載しました。

日漢
日本語で対応する四字熟語の漢字を掲載しました。

韓国語の漢字
韓国語で対応する四字熟語の漢字を掲載しました。

목차

音声ファイルは、
QR コードをスキャンするとダウンロードいただけます。

001 ▶ 001

감개무량 感慨無量 ★★☆

日漢	**感慨無量** かんがいむりょう
意味	深く身にしみて感じ、しみじみとした気持ちになること

상을 받은 배우는 감개무량한 표정으로 소감을 이야기
했다.

賞をとった俳優は感無量の表情で感想を話した。

A 오랜만에 고향에 오니까 어때?

久しぶりに故郷に来てどう？

B 어렸을 때의 추억이 떠올라서 감개무량해.

幼い頃の思い出が浮かんで感無量だよ。

002 ▶ 002

감언이설 [가먼니설/가머니설] 甘言利説 ★★☆

意味	甘い言葉でそそのかすこと。口車

어머니는 감언이설에 능숙한 사람을 조심해야 한다고
하셨다.

母は口が上手い人に気をつけなければならないと言った。

A 상호가 크게 사기를 당했다며?

サンホが悪質な詐欺にあったって？

B 응. 사기꾼의 감언이설에 넘어가서 그만 큰돈을 날
렸어.

うん、うっかり詐欺師の口車に乗って、大金をなくした
んだよ。

· 01 ·

003 ▶ 003 ★★☆

감지덕지 感之德之

意味 非常にありがたがるさま

그는 뜻밖의 환대를 받자 감지덕지 어쩔 줄을 몰랐다.

彼は意外なおもてなしを受けると感謝の気持ちがあふれて
どうすればいいか分からなかった。

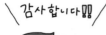

A 여자는 자고로 요리를 잘해야 되는 것 같아요.

女性は昔からそうですが、料理が上手じゃないといけな
いと思います。

B 저는 저를 위해 요리를 해 주는 것만으로도 감지덕지
고마운걸요.

私は私のために料理をしてくれるだけでも、とてもあり
がたいと思います。

004 ▶ 004 ★★☆

거두절미 去頭截尾

意味 単刀直入にいうこと。（頭と尾を切る意味で）細かい説
明は省いて要点だけを述べること

거두절미하고 용건만 말씀드리겠습니다.

単刀直入に、用件だけ申し上げます。

A 어떤 방식으로 설명할까요?

どのように説明しましょうか？

B 거두절미하고 중요한 내용만 간략하게 해 주세요.

単刀直入に、重要な内容だけ簡単に言ってください。

005 ▶ 005 ★★☆

격세지감 隔世之感

日漢 **隔世之感** かくせいのかん
意味 変化が激しく、まるで世代が変わってしまったような感じ

오랜만에 찾은 고향의 모습에 격세지감을 느꼈다.
久しぶりに訪れた故郷の姿に隔世の感を覚えた。

A 요즘 애들은 우리 세대와 아주 다른 것 같아요.
　最近の子供たちは、私たちの世代とは非常に異なるようです。

B 네, 그래서 저는 요즘 애들을 보면 새삼 격세지감이 들곤 해요.
　はい、それで私は最近子供たちを見ると、改めて隔世の感を強くします。

006 ▶ 006 ★★☆

고군분투 孤軍奮闘

日漢 **孤軍奮闘** こぐんふんとう
意味 援軍もなく孤立した中でよく戦うこと。誰の援助も受けずに一人で努力すること

그는 미국으로 이민을 간 후 직업을 갖고 정착하기 위해 고군분투의 노력을 했다.
彼は米国に移住した後、仕事を得て定着するのに孤軍奮闘した。

A 저 선수는 정말 정신력이 대단한 것 같아.
　あの選手は本当に精神力がすごいと思う。

B 응, 부상에도 불구하고 고군분투를 펼쳐 결국 우승을 차지했으니까.
　うん、負傷したにもかかわらず、孤軍奮闘して最終的に優勝したからな。

☆☆☆

고진감래 [고진감내] 苦盡甘來

日漢	**苦尽甘来** くじんかんらい
意味	苦しいことが過ぎ、楽になること

친구는 재수 끝에 의대에 합격해서 고진감래의 기쁨을 누렸다.
友人は浪人の末、医学部に合格して苦尽甘来の喜びを享受した。

A 이 아이돌그룹이 요즘 세계적으로 인기를 끌고 있다고 들었어요.
このアイドルグループが、最近、世界的に人気を集めていると聞きました。

B 고진감래라더니, 그동안 고생한 보람이 있네요.
苦尽甘来と言うけど、これまでに苦労した甲斐がありますね。

☆☆☆

과대망상 誇大妄想

日漢	**誇大妄想** こだいもうそう
意味	現実離れした大げさな考え。そのような考えを抱くこと

그녀는 언젠가 복권에 당첨되어서 부자가 될 과대망상에 빠져 있다.
彼女はいつか宝くじに当たって金持ちになるという誇大妄想に陥っている。

A 수지는 모든 남자가 자신을 좋아한다고 생각하더라.
スジは、すべての男の人が自分のことが好きだと思っていたよ。

B 전혀 그렇지 않은데 걔 과대망상이 정말 심각하구나.
全くそんなことないのに、その子誇大妄想が本当にひどいね。

☐ 걔 "그 아이"の縮約、その子

009 ▶ 009

구사일생 [구사일쌩] 九死一生

☆☆☆

日漢 **九死一生** きゅうしいっしょう
意味 九死に一生を得る。ほとんど死にかけた状況で奇跡的に助かること。絶体絶命の状態から抜け出すこと

산에서 길을 잃고 헤매던 그는 구사일생으로 일주일 만에 구조되었다.

山で道に迷っていた彼は、九死に一生を得て一週間ぶりに救助された。

A 바다에 빠져 허우적대고 있는데 어떤 아저씨가 구해줬대요.

海で溺れてもがいていたけど、あるおじさんが助けてくれたそうです。

B 정말 구사일생으로 목숨을 건졌네요!

本当に九死に一生を得て命拾いしましたね！

◁ 허우적대다 溺れてもがく

010 ▶ 010

구태의연 [구태의연/구태이연] 舊態依然

☆☆☆

日漢 **旧態依然** きゅうたいいぜん
意味 昔のままの状態で変化や進化がないこと

젊은 유권자는 구태의연한 정치인에게 환멸을 느낀다.

若い有権者は旧態依然の政治家に幻滅を感じている。

A 배우의 유명세만 가지고 광고를 만드는 것은 요즘에는 구태의연하고 진부해.

俳優の知名度だけで広告を作ることは、最近では旧態依然で古臭いね。

B 맞아. 좀 더 기발한 발상이 필요해.

そうだよ。もっと奇抜な発想が必要だね。

✎ 사자성어와 의미를 맞게 연결하세요.

1. 감개무량
   感慨無量

2. 감언이설
   甘言利說

3. 감지덕지
   感之德之

4. 거두절미
   去頭截尾

5. 격세지감
   隔世之感

6. 고군분투
   孤軍奮鬪

7. 고진감래
   苦盡甘來

8. 과대망상
   過大妄想

9. 구사일생
   九死一生

10. 구태의연
    舊態依然

a. 운동 경기나 싸움에서 혼자서 많은 수의 적들을 상대하여 힘들게 싸움. 또는 다른 사람의 도움을 받지 않고 혼자 또는 적은 인원으로 힘든 일을 함.

b. 지난 일이 생각나서 마음속에서 느끼는 감동이 매우 큼.

c. 앞과 뒤의 군더더기를 빼고 어떤 일의 중심만 간단히 말함.

d. 매우 고맙게 생각하는 모양.

e. 별로 길지 않은 시간 동안에 많은 진보와 변화를 겪어 아주 다른 세상이 된 것 같은 느낌.

f. 남을 속이기 위하여 남의 비위를 맞추거나 상황이 이로운 것처럼 꾸민 말.

g. 힘든 일이 끝난 후에 즐거운 일이 생김.

h. 생각이나 태도 등이 나아지지 않고 예전의 나쁜 상태 그대로임.

i. 죽을 뻔한 상황을 여러 번 넘기고 겨우 살아남.

j. 사실보다 지나치게 부풀려서 생각하고 그것을 사실로 믿어 버리는 증상.

군계일학 [군게일학] 群鷄一鶴

★★☆

| 日漢 | **鶏群一鶴** ぐんけいのいっかく |
| 意味 | 多くの凡人の中に一人だけ優れたものが混じっていること |

잘생기고 총명한 눈빛을 가진 지민은 신입생들 사이에서 단연 군계일학이었다.

ハンサムで賢い目のジミンは、新入生の間で断然鶏群の一鶴であった。

A 저 선수가 이번 세계 선수권 대회에서 우승한 선수입니까?

あの選手が今回の世界選手権大会で優勝した選手ですか？

B 네. 이 등과도 큰 점수 차로 일 등을 해 단연 군계일학이었습니다.

はい、二位と大きな点差で一位を取って、だんぜん鶏群の一鶴でした。

궁여지책 窮余之策

★★☆

| 日漢 | **窮余一策** きゅうよのいっさく |
| 意味 | 追い詰められ困り果てた末に思いついた一つの手段 |

내키지 않지만 궁여지책으로 거짓말을 했다.

不本意ではあったけど窮余の策として嘘をついた。

A 옆집 아저씨가 어쩌다가 감옥에 가게 된 거야?

隣のおじさんがどうして刑務所に入ることになったの？

B 아들의 병원비를 대기 위해 궁여지책으로 도둑질을 했대.

息子の医療費のために窮余の策として盗みをしたんだって。

013 ▶013 ★★☆

권선징악 勸善懲惡

日漢 勧善懲悪　かんぜんちょうあく
意味 善良な人や善良な行いを奨励して、悪者や悪い行いを懲らしめること

옛날 이야기는 권선징악의 교훈을 담고 있는 것이 많다.
昔の物語は勧善懲悪の教訓を含んでいることが多い。

A 그 드라마 어떻게 끝났어?
　あのドラマ、最後どうなったの？

B 욕심을 부리던 주인공이 결국 망하게 되는 권선징악으로 끝났어.
　欲張った主人公が、結局身を滅ぼして、勧善懲悪で終わった。

014 ▶014 ★★☆

금시초문 今時初聞

意味 初耳。初めて聞くこと

그는 그녀와의 열애설에 대해 금시초문이라고 해명했다.
彼は彼女との熱愛報道について、初耳だと釈明した。

A 내일 수업 휴강한다는 얘기 들었어?
　明日の授業休講という話聞いた？

B 나는 금시초문인데?
　私は初耳なんだけど？

015 ▶015 ☆☆☆

기고만장 氣高萬丈

意味 得意の絶頂にあること。有頂天

그는 능력도 없으면서 늘 큰소리만 치며 기고만장이었다.
彼は能力もないのに、常に意気揚々と大声を出していた。

A 저 사람은 왜 저렇게 기고만장이지?
あの人は何であんなに得意気なんだ？

B 뭔가 믿는 구석이 있나 보지.
何か信じるところがあるみたいだね。

016 ▶016 ★★☆

기사회생 [기사회생/기사훼생] 起死回生

日漢 起死回生 きしかいせい
意味 絶望的な状況を立て直し、一挙に勢いを盛り返すこと

그 암 환자는 수술에 성공해서 기적적으로 기사회생을 했다.
そのがん患者は手術に成功して、奇跡的に起死回生をした。

A 정말 흥미진진한 경기였어.
本当に興味津々な試合だった。

B 맞아. 우리 팀이 지는 줄 알았는데 후반전 마지막에
골을 넣어서 기사회생을 했지.
そう。私たちのチームが負けると思ったのに、後半の最
後に起死回生のゴールを入れた。

017 ▶017

남녀노소 男女老少 ★★☆

| 日漢 | **老若男女** ろうにゃくなんにょ |
| 意味 | 老人も若者も男も女も含むあらゆる人々のこと |

그는 남녀노소를 막론하고 누구나 좋아하는 가수이다.
彼は老若男女を問わず、誰もが好きな歌手である。

A 저 광고는 몇 년째 같은 모델이야?
あの広告は何年も同じモデルなの？

B 워낙 이미지가 좋아서 남녀노소 할 것 없이 모두가 좋아하니까.
あまりにもイメージが良く、老若男女を問わず誰もが好きだからね。

018 ▶018

남존여비 [남존녀비] 男尊女卑 ★★☆

| 日漢 | **男尊女卑** だんそんじょひ |
| 意味 | 社会的に男の地位が高く女は低いこと |

과거에는 남존여비의 영향으로 남아를 선호하는 경향이 있었다.
過去には、男尊女卑の影響で男の子を好む傾向があった。

A 할머니는 왜 오빠만 소중히 여기고 나는 함부로 대하는지 모르겠어.
おばあちゃんは何でお兄ちゃんだけ大事にして、私に対してはぞんざいに接するのか分からない。

B 원래 옛날 어른들은 남존여비의 사상이 강하잖아.
もともと昔の人たちは、男尊女卑の思想が強いんじゃない。

019 ▶ 019

노심초사　勞心焦思

★★☆

意味 気をもみ心を焦がすこと

그는 거짓말이 탄로 날까 봐 노심초사하였다.
彼は嘘がばれるかと思って気をもんでいる。

A 와! 조카가 정말 귀엽다.
　わあ！本当にかわいい甥だね。

B 얘가 얼마나 말썽꾸러기인데. 오늘은 또 어떤 사고를 칠까 하고 노심초사야.
　この子は本当に問題児だよ。今日はまたどんな問題を起こすのかと心配だよ。

020 ▶ 020

다사다난　多事多難

★★☆

日漢 **多事多難**　たじたなん
意味 多くの事件や困難があること

다사다난했던 한 해를 마무리하고, 새해의 복을 빌었다.
多事多難だった一年を終えて、新年の福を祈った。

A 벌써 연말이구나. 올해도 많은 일이 있었지.
　もう年末だね。今年も色んなことがあったよな。

B 응. 참 다사다난한 한 해였어.
　うん。本当に多事多難な一年だった。

✎ 사자성어와 의미를 맞게 연결하세요.

1. 군계일학　　•
　　群鷄一鶴

2. 궁여지책　　•
　　窮余之策

3. 권선징악　　•
　　勸善懲惡

4. 금시초문　　•
　　今時初聞

5. 기고만장　　•
　　氣高萬丈

6. 기사회생　　•
　　起死回生

7. 남녀노소　　•
　　男女老少

8. 남존여비　　•
　　男尊女卑

9. 노심초사　　•
　　勞心焦思

10. 다사다난　　•
　　多事多難

• a. 착한 일을 권장하고 못된 일을 벌하는 것.

• b. 남자와 여자, 늙은이와 젊은이의 모든 사람.

• c. 평범한 무리 가운데 뛰어난 사람.

• d. 별 수가 없어서 겨우 짜낸 해결책.

• e. 거의 죽을 뻔하다가 다시 살아남.

• f. 일이 자기 뜻대로 잘되어 뽐내는 기세가 대단함.

• g. 어떤 이야기를 지금 처음으로 들음.

• h. 몹시 마음을 쓰며 걱정하고 애를 태움.

• i. 남자는 지위가 높고 귀하며, 여자는 지위가 낮고 천하다고 여기는 것.

• j. 여러 가지 일도 많고 어려움도 많음.

021 ▶ 021 ☆☆☆

단도직입 [단도지깁] 單刀直入

| 日漢 | **単刀直入** たんとうちょくにゅう |
| 意味 | 前置きなしにいきなり本題や要点を切り出すこと |

그 배우는 단도직입적이고 혹독한 심사평을 듣고 그 자리에서 울어 버렸다.

その俳優は単刀直入で、厳しい審査評を聞いて、その場で
泣いてしまった。

A 시간이 없으니까 단도직입적으로 물을게.

時間がないから単刀直入に聞くね。

B 알겠어. 무슨 일인데?

わかった。どうしたの？

□ 類 004 거두절미 去頭截尾

022 ▶ 022 ☆☆☆

대기만성 大器晩成

| 日漢 | **大器晩成** たいきばんせい |
| 意味 | 真に偉大な人物も大成するのが遅いということ。大人物
は遅れて頭角を現すということ |

나는 무언가를 빨리 이루려는 사람보다 대기만성형의 사람이 좋다.

私は何かをすぐに成し遂げようとする人よりも大器晩成型
の人が好きだ。

A 김 교수님이 이십 년 넘도록 한 가지 연구에만 몰두하더니 드디어 그 분야에서 크게 성공했대.

キム教授が 20 年以上にわたり一つの研究に没頭して、
ついにその分野で大成功したんだって。

B 대기만성이라는 말이 맞구나.

大器晩成という言葉通りだ。

☆☆☆

대동소이 大同小異

| 日漢 | **大同小異** だいどうしょうい |
| 意味 | だいたいは同じだが、細かいところに違いがあること。大差のないこと |

이번 시험은 과목마다 약간의 차이는 있으나 난이도가 대동소이하다.

今回の試験は、科目ごとに若干の違いはあるが、難易度が大同小異である。

A 이번 오디션에서 괜찮은 배우는 있었어?

今回のオーディションでまともな俳優はいた？

B 아니, 모두 실력이 대동소이해서 누구를 뽑아야 될지 고민이야.

いや、みんなスキルが大同小異で誰を選ぶか悩んでる。

☆☆☆

대서특필 大書特筆

| 日漢 | **特筆大書** とくひつたいしょ |
| 意味 | 特に目立つように記すこと |

세계 여러 언론에서 한류 붐에 대해 대서특필하였다.

世界の多くのメディアで韓流ブームについて特筆大書された。

A 이번에 아파트가 무너진 게 여러 나라 신문에 대서특필이 되었대.

今回、アパートが崩れたことがいくつかの国の新聞に特筆大書されたって。

B 정말 국제적인 망신이다.

本当に国際的な恥だ。

025 ▶ 025 ☆☆☆

동고동락 [동고동낙] 同苦同樂

意味 苦楽をともにすること

우리는 평생 동고동락하기로 맹세했다.
私たちは、一生苦楽をともにすることを誓った。

A 이 일을 마지막으로 우리 팀은 해체됩니다.
この仕事を最後に私たちのチームは解散されます。

B 한동안 모두가 힘을 합쳐 동고동락을 했는데 정말
아쉬워요.
ここしばらくみんなが力を合わせて同苦同楽をしたのに
本当に残念です。

026 ▶ 026 ☆☆☆

동문서답 東問西答

意味 的外れな答え

그는 사회자의 질문을 제대로 이해하지 못하고 동문서답
을 했다.
彼は司会者の質問を正しく理解しておらず、的外れな回答
をした。

A 오늘은 날씨가 참 좋네요.
今日は天気が本当にいいですね。

B 저녁 먹었냐니까 웬 동문서답이니?
夕飯食べたかと聞いているのに、どうして的外れな回答
するの？

027 ▶ 027 ★☆☆

동분서주 東奔西走

日漢 **東奔西走** とうほんせいそう
意味 あちこち忙しく走り回ること

그는 넘어진 회사를 다시 일으켜 세우기 위해 동분서주하고 있다.

彼は倒れた会社を再び立て直すために東奔西走している。

A 요즘 어떻게 지내?
最近どう過ごしてる？

B 취직 활동하느라고 매일 동분서주지 뭐.
就職活動していて、毎日東奔西走だな。

028 ▶ 028 ★☆☆

동상이몽 同床異夢

日漢 **同床異夢** どうしょういむ
意味 同じ事を行いながら、考えや思惑が異なること

그들은 아버지의 유산 분배를 놓고 서로 동상이몽을 꾸고 있었다.

彼らは父の遺産分割をめぐって互いに同床異夢を見ていた。

A 결혼기념일이라 근사한 선물을 기대했는데, 글쎄 꽃만 달랑 사 온 거 있지?
結婚記念日だから、素敵なプレゼントを期待したんだけど、まあ、花だけ買ってきたんだよね。

B 동상이몽이 따로 없구나.
それこそ同床異夢だね。

· 16 ·

029 ▶ 029 ★★★

막상막하 [막쌍마카] 莫上莫下

日漢 五分五分 ごぶごぶ
意味 互角。双方の力量が同じ程度であること

이번 경기는 두 팀 다 실력이 막상막하다.
今回の試合は、両チームともに実力が互角である。

A 이번 연기 대상은 과연 누가 받을까?
今回の演技大賞は果たして誰が受賞するかな？

B 아, 후보들이 모두 뛰어나서 정말 막상막하의 경쟁이
될 것 같네.
ああ、候補がみんな優れていて、本当に互角の競争になりそうだね。

030 ▶ 030 ★★★

명실상부 名實相符

意味 名実相伴うこと。名実とも

이 회사의 자동차는 세계적으로 명실상부하게 인정을
받고 있다.
同社の自動車は世界的に名実ともに認められている。

A 박사학위 취득 축하합니다.
博士学位の取得、おめでとうございます。

B 감사합니다. 앞으로 명실상부한 학자가 되도록 하
겠습니다.
ありがとうございます。今後名実ともに学者になれるよう、頑張ります。

✎ 사자성어와 의미를 맞게 연결하세요.

1. 단도직입　•
   單刀直入

2. 대기만성　•
   大器晚成

3. 대동소이　•
   大同小異

4. 대서특필　•
   大書特筆

5. 동고동락　•
   同苦同樂

6. 동문서답　•
   東問西答

7. 동분서주　•
   東奔西走

8. 동상이몽　•
   同床異夢

9. 막상막하　•
   莫上莫下

10. 명실상부　•
    名實相符

• a. 서로 크게 다른 것이 없이 거의 같음.

• b. 여럿이 같은 상황에 놓였거나 같이 행동하더라도 속으로는 서로 다른 생각을 하고 있음.

• c. 쓸데없는 말은 빼고 곧바로 중요한 말을 하는 것.

• d. 크게 될 사람은 많은 노력을 한 끝에 늦게 성공함.

• e. 괴로움도 즐거움도 함께함.

• f. 여기저기 몹시 바쁘게 돌아다님.

• g. 묻는 말과 전혀 상관이 없는 대답.

• h. 겉으로 드러난 것과 실제의 내용이 서로 꼭 맞는 데가 있음.

• i. 신문에서 어떤 사건을 특별히 중요한 기사로 알리는 것.

• j. 누가 더 나은지 가릴 수 없을 만큼 차이가 거의 없음.

031

▶ 031

무궁무진 無窮無盡

意味 無尽蔵（むじんぞう）。限りがないこと

그 사람은 재주가 <u>무궁무진</u>으로 많다.
その人の才能は無尽蔵だ。

A 바다에는 얼마나 많은 물고기가 있을까요?
海にはどのくらい多くの魚がいるのでしょうか？

B 그 종류만 해도 <u>무궁무진</u>으로 많아서 사람들은 정확한 수를 알 수 없을 거야.
その種類だけでも無尽蔵で、人々は正確な数を知ることができないだろう。

032

▶ 032

무미건조 無味乾燥

日漢 **無味乾燥** むみかんそう
意味 なんの面白みも味わいもないさま

김 작가의 글은 생기가 없고 <u>무미건조</u>의 도가 지나쳐 매우 지루했다.
キム作家の文章は生気がなく無味乾燥の度を過ぎて非常に退屈だった。

A 요즘 어떻게 지내?
最近どう過ごしてる？

B <u>무미건조</u>라는 말이 딱 맞을 만큼 매일이 똑같아.
無味乾燥という言葉がぴったりなくらい毎日が同じだよ。

무아지경 無我之境

意味 無我の境地。我欲、私欲のないこと。無心に達した心の
状態

무용수는 공연 중 무아지경에 이른 듯 놀라운 기술을
선보였다.

ダンサーは公演中無我の境地に至ったようで、驚きの技術
を披露した。

A 아이들이 가까이서 동물을 구경하니 신기한가 봐요.

子供たちが近くで動物を見たら不思議みたいですね。

B 그러게요. 넋을 놓고 보는 게 무아지경인 것 같네요.

そうですね。気を取られて見ているのがまるで無我の境
地のようですね。

미사여구 美辭麗句

日漢 **美辞麗句** びじれいく
意味 うわべだけを飾り立てた、中身が乏しく真実味のない言
葉や文句

미사여구만 늘어놓는다고 해서 좋은 글이 되는 건
아니다.

美辞麗句を並べただけでは、良い文とはいえない。

A 저 정치가의 말은 미사여구를 늘어놓았을 뿐이네.

あの政治家の言葉は美辞麗句を並べただけだね。

B 감사하는 마음이 전혀 전해지지 않아.

感謝の気持ちが全然伝わってこないね。

035 ▶ 035 ☆☆☆

박장대소 [박짱대소] 拍掌大笑

意味 手を叩いて大笑いすること

관람객들의 박장대소 소리에 나는 잠을 깼다.
観客たちの大きな笑い声で私は目が覚めた。

A 저 개그맨은 정말 재미있어.
あの芸人さんは、本当に面白いね。

B 맞아. 무슨 말만 해도 박장대소를 하게 돼.
そう。何を言っても大笑いをしてしまうね。

036 ▶ 036 ☆☆☆

방방곡곡 [방방곡꼭] 坊坊曲曲

日漢 **津々浦々** つつうらうら
意味 全国のすみずみまで至る所

이번 주말에 전국 방방곡곡에서 다양한 행사가 열릴
예정이다.
この週末に全国津々浦々で様々なイベントが行われる予定だ。

A 요즘 뭐해?
最近、何やっている？

B 전국 방방곡곡을 돌아다니며 사진을 찍고 있어.
全国津々浦々を回って写真を撮っているよ。

배은망덕 背恩忘德 ★★★

意味 恩知らず、忘恩

아버지를 혼자 쓸쓸히 돌아가시게 하다니 참으로 배은망덕이다.

父親を一人にして寂しく亡くすなんて、全く恩知らずだ。

A 민수가 회사 후배랑 바람 폈다면서?

ミンスが会社の後輩と浮気したんだって？

B 응. 자기 출세를 위해 뒷바라지해 준 아내에게 배은망덕이지 뭐야.

うん。自己の出世のために世話をしてくれた妻に対して恩知らずだね。

▫ 뒷바라지하다　世話をする、面倒を見る

백년해로 [뱅년해로] 百年偕老 ★★★

日漢 百年偕老　ひゃくねんかいろう
意味 夫婦が年を取るまで仲良く一緒に暮らすこと

신랑 신부는 가족과 하객들 앞에서 백년해로를 맹세했다.

新郎新婦は、家族やゲストの前で百年偕老を誓った。

A 당신과 영원히 백년해로를 하고 싶어요.

あなたと生涯仲良く暮らしたいです。

B 저도 그래요, 여보.

私もです、あなた。

039 ▶ 039 ☆☆☆

백해무익 [배캐무익] 百害無益

意味 百害あって一利なし。弊害をたくさん生むばかりで良い
ことは一つもないこと

아무리 맛있고 비싼 음식이라도 체질에 맞지 않는다면
백해무익이다.

いくらおいしくて高価な食べ物でも、体質に合わなければ
百害無益である。

A 몸에도 안 좋은 담배를 왜 피우는지 모르겠어.

体にも良くないタバコをなぜ吸うか分からない。

B 맞아. 담배야말로 건강에 백해무익인데.

そうだよ。タバコこそ健康に百害無益なのに。

040 ▶ 040 ☆☆☆

부전자전 父傳子傳

意味 子供は親に似る

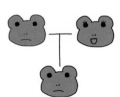

부전자전이라더니 아들과 남편은 잠자는 모습까지 닮아
있었다.

子供は親に似ているって言うけど、息子と夫は寝ている姿
まで似ていた。

A 아기가 아빠를 꼭 닮았네요.

赤ちゃんがお父さんにそっくりですね。

B 그러게 말이에요. 부전자전이라는 말이 맞나 봐요.

そうなんですよ。子供は親に似ているという言葉通りで
すね。

✎ 사자성어와 의미를 맞게 연결하세요.

1. 무궁무진　•
   無窮無盡

2. 무미건조　•
   無味乾燥

3. 무아지경　•
   無我之境

4. 미사여구　•
   美辭麗句

5. 박장대소　•
   拍掌大笑

6. 방방곡곡　•
   坊坊曲曲

7. 배은망덕　•
   背恩忘德

8. 백년해로　•
   百年偕老

9. 백해무익　•
   百害無益

10. 부전자전　•
    父傳子傳

• a. 내용은 별로 없이 아름다운 말로 그럴
  듯하게 꾸민 글의 구나 절.

• b. 모든 장소.

• c. 남에게 입은 은혜를 저버리고 배신함.

• d. 끝이나 다하는 것이 없음.

• e. 손뼉을 치고 소리를 내며 크게 웃음.

• f. 아버지의 겉모습, 성격, 버릇 등이 아들
  에게 그대로 전해짐.

• g. 나쁘기만 하고 도움되는 것이 전혀 없음.

• h. 흥미로운 것이 없이 단조롭고 메마름.

• i. 어떤 것에 정신이 쏠려 자신의 존재를
  잊게 되는 경지.

• j. 부부가 되어 평생을 사이좋게 지내고 행
  복하게 함께 늙음.

041 ▶041 ☆☆☆

불가사의 [불가사이] 不可思議

意味 常識では考えられないこと。異様なこと。また、そのような現象

공부는 안 하는데 시험만 보면 1등을 하다니 정말 불가사의해요.

勉強はしないのに、試験を受ければ1番になるなんて、本当に不思議です。

A 이집트의 피라미드는 어떻게 만들었을까요?

エジプトのピラミッドはどのように作られたのでしょう？

B 그러게요. 어떻게 만들었는지 불가사의합니다.

そうですね。どのように作ったのか不思議です。

042 ▶042 ☆☆☆

불가항력 [불가항녁] 不可抗力

日漢 **不可抗力** ふかこうりょく

意味 人間の力ではどうにもさからうことのできない力や事態

거세게 부는 바람 때문에 산불의 확산은 불가항력의 사태가 되었다.

激しく吹く風のために山火の拡散は、不可抗力の事態となった。

A 이번 태풍 피해가 대단했다면서요?

今回の台風、被害が大きかったんですよね？

B 네, 자연재해는 불가항력적인 일이기는 하나 주민들의 노력에 그나마 인명 피해는 없었습니다.

はい、自然災害は不可抗力ではありますが、それでも住民達の努力により人的被害はありませんでした。

043 ▶ 043 ☆☆☆

불철주야 不撤晝夜

意味 昼夜を問わず。いつも、いつでも、昼も夜も

나는 사법 시험에 합격하기 위해 불철주야 공부를 게을리하지 않았다.

私は司法試験に合格するために昼夜を問わず勉強を怠っていなかった。

A 김 과장이 1년 만에 차장으로 승진했대요.

キム課長がだった1年で次長に昇進したそうです。

B 회사를 위해 불철주야로 일했으니 승진하는 것은 당연한 결과죠.

会社のために昼夜を問わず仕事したので昇進するのは当然の結果でしょう。

044 ▶ 044 ☆☆☆

비몽사몽 非夢似夢

意味 夢うつつ。夢とも現実とも区別がつかない状態。ぼんやりしている状態

그는 술을 너무 많이 마셔서 비몽사몽으로 정신이 없어 보였다.

彼は酒をあまりにも飲みすぎて夢うつつでぼんやりしているように見えた。

A 너 오늘 왜 이렇게 비몽사몽이야?

君、今日なんでこんなに夢うつつなんだ？

B 새벽까지 공부했거든.

夜明けまで勉強してたんだよ。

비일비재 非一非再

> 意味 一度や二度でなく、たくさん起こること。一つや二つで
> なくたくさんあること

엄격한 단속에도 불구하고 음주운전을 하는 경우가
비일비재하다.

厳しい取り締まりがあるにもかかわらず、飲酒運転をする
ことが多々ある。

A 민수는 오늘 또 늦네.
ミンスは今日も遅いね。

B 민수가 지각하는 일이 비일비재라 이젠 화도 안 나.
ミンスが遅刻することは一度や二度じゃないからもう腹
も立たないよ。

사면초가 四面楚歌

> 日漢 **四面楚歌** しめんそか
> 意味 孤立して周囲がみな敵であること

대통령은 부적절한 발언으로 여야의 지탄을 받아
사면초가에 처했다.

大統領は不適切な発言で与党と野党のの指弾を受けて、四
面楚歌に追い込まれた。

A 모 여배우의 학력위조 의혹 논란이 불거지며 사면
초가의 상태인데, 이에 대해 어떻게 생각하십니까?
某女優の学歴偽造疑惑の論議があらわになって四面楚歌
の状態ですが、これについてどう思いますか？

B 이번 사건으로 당분간은 연예활동은 힘들지 않을
까 생각합니다.
今回の事件で、しばらく芸能活動は大変かと思います。

047 ▶047 ★★☆

사생결단 [사생결딴] 死生決斷

意味 生死を顧みず決断すること。死ぬ覚悟（で）、死にもの
ぐるい（で）

나는 시험에 합격하기 위해서 사생결단의 각오로 열심히
공부했다.

私は試験に合格するために死生決断の覚悟で一生懸命勉強
した。

A 매장 직원이 불친절했다며?

店の従業員が不親切だったの？

B 응. 그 직원하고 사생결단으로 싸우려다가 그냥 소
비자 상담실에 전화했어.

うん。その従業員と死生決断で戦おうと思ったけど、
お客様窓口に電話した。

048 ▶048 ★★☆

사필귀정 事必歸正

意味 万事必ず正しきに帰するということ、不正は長続きしな
いということ

봄이 가면 여름이 오고 여름이 가면 가을이 오듯 우리의
인생 역시 사필귀정이었다.

春が過ぎると夏が来て夏が過ぎれば秋が来るように、私た
ちの人生もやはり事必帰正であった。

A 이번 일을 겪고 나니 진실은 언젠가는 반드시 밝혀
지는 것 같아.

今回のことを経験したら真実はいつかは必ず明らかになる
と思える。

B 맞아. 그래서 사필귀정이라는 말도 있잖아.

そう。だから事必帰正という言葉もあるじゃない。

산전수전 山戰水戰

> | 日漢 | **海千山千** うみせんやません |
> | 意味 | さまざまな人生経験を積んで悪賢くなった者、一筋縄でゆかない者 |

그는 산전수전을 겪으며 고생한 끝에 사업가로 큰 성공을 거두었다.
彼は海千山千を体験しながら苦労した末、ビジネスマンとして大成功を収めた。

A 이번 경기에서 최고의 기록을 보여주고 있는데 그 비결이 무엇입니까?
今回の試合で最高の記録を出していますが、その秘訣は何ですか？

B 저희 팀은 산전수전 다 겪었기 때문에 정신력이 강한 것이 승리의 이유라고 생각합니다.
私たちのチームは海千山千すべて経験したので、精神力が強いのが勝利した理由だと思います。

살신성인 [살씬성인] 殺身成仁

> | 意味 | 身を殺し仁を成すこと、正道のために自身を犠牲にすること |

자신의 목숨을 바쳐 철로에 떨어진 아이를 구한 남자는 살신성인의 정신을 보여 주었다.
自分の命を捧げて線路に落ちた子供を救った男は身を殺し仁を成す精神を見せてくれた。

A 이 작품의 주인공은 남을 위하여 희생하는 것을 당연하게 생각하는 사람이야.
この作品の主人公は、人のために犠牲になることを当たり前に思っている人だ。

B 살신성인의 정신을 보여 주는 사람이구나.
自身を犠牲にする精神を見せてくれる人だね。

✎ 사자성어와 의미를 맞게 연결하세요.

1. 불가사의 •
   不可思議

2. 불가항력 •
   不可抗力

3. 불철주야 •
   不撤晝夜

4. 비몽사몽 •
   非夢似夢

5. 비일비재 •
   非一非再

6. 사면초가 •
   四面楚歌

7. 사생결단 •
   死生決斷

8. 사필귀정 •
   事必歸正

9. 산전수전 •
   山戰水戰

10. 살신성인 •
    殺身成仁

• a. 보통 사람의 생각으로는 설명하거나 알
     수 없는 매우 이상한 일이나 사물.

• b. 꿈인지 현실인지도 모를 만큼 정신이
     흐릿한 상태.

• c. 아무에게도 도움을 받지 못하는 어려운
     상황이나 형편.

• d. 사람의 힘으로는 막을 수 없는 힘.

• e. 어떤 현상이나 일이 한두 번이 아니라
     흔하게 자주 있음.

• f. 어떤 일에 열중하느라 조금도 쉬지 않고
     밤낮을 가리지 않음.

• g. 세상의 온갖 고생과 어려움을 다 겪음.

• h. 죽고 사는 것을 상관하지 않고 끝장을
     내려고 함.

• i. 자기 자신을 희생하여 어진 행동을 함.

• j. 모든 일은 반드시 올바른 길로 돌아감.

★★★

상부상조 相扶相助

| 日漢 | **相互扶助** そうごふじょ |
| 意味 | 互いに助け合うこと |

상부상조의 정신은 우리 전통 사회가 공동체를 유지하는 기본 정신이었다.

相互扶助の精神は、私たちの伝統的な社会が共同体を維持する基本的な精神だった。

A 나 이 리포트 오늘 안에 끝내야 하는데, 좀 도와줄래?

私はこのレポートを今日中に終わらせなければいけないんだけど、手伝ってくれる？

B 물론이지. 근데 나 이거 먼저 끝내야 해. 우리 상부상조 하자.

もちろん。でも私もこれを先に終わらせなきゃいけないから、お互い助け合おう。

★★★

새옹지마 塞翁之馬

| 意味 | 塞翁が馬（さいおうがうま）。人生の吉凶・運不運は予測しがたく、幸運も喜ぶに足らず、不幸も悲しむにあたらないとの例え |

인생은 새옹지마라니까 지금 당장은 힘들어도 좋은 날이 꼭 올 거야.

人生は塞翁が馬だから今は大変でも良い日が必ずくると思うよ。

A 연말인데 해결되는 일은 하나도 없고, 힘들어 죽겠다.

年末なのに解決されることは一つもなく、疲れて死にそう。

B 세상만사 새옹지마인데 앞으로 어떻게 될지 모르지. 기운 내.

世の中すべて塞翁が馬なので、これからどうなるか分からないよ。元気出して。

053 ☆☆☆

선견지명 先見之明

> **日漢** **先見之明** せんけんのめい
>
> **意味** 事が起こる前にそれを見抜く見識。将来のことを見通す
> かしこさ

나는 선견지명을 가진 어머니의 조언 덕분에 성공할
수 있었다.

私は先見の明を持った母親のアドバイスのおかげで成功す
ることができた。

A 요즘 같이 힘든 상황에서 집 마련은 꿈일까요?

最近のように厳しい状況で家を持つのは夢でしょうか？

B 선견지명이 있는 사람들은 어떻게 행동하고 있을까?

先見の明がある人々は、どのように行動しているのだろ
うか？

054 ☆☆☆

설상가상 [설쌍가상] 雪上加霜

> **日漢** **雪上加霜** せつじょうかそう
>
> **意味** 災難や不幸などの悪い出来事が次々と続いて起こるこ
> と。泣きっ面に蜂、弱り目に祟り目

전국적으로 큰 홍수가 난 데다가 설상가상으로 전염병
까지 돌아 나라에 비상이 걸렸다.

全国的に大洪水になったうえ、さらに悪いことに、伝染病
まで流行って、国に赤信号が灯った。

A 모레 중요한 시험이 있는데 오늘 또 숙제를 내 주셨어.

明後日、重要な試験があるんだけど、今日また宿題が出
たよ。

B 이런, 설상가상이구나.

あら、泣きっ面に蜂だね。

055 ▶ 055 ☆☆☆

속수무책 [속쑤무책] 束手無策

日漢	**束手無策** そくしゅむさく
意味	手をこまねいているだけでどうすることもできないこと

그는 이틀 뒤 사기당한 것을 알았으나 속수무책이었다.
彼は二日後、詐欺にあったことを知ったが、お手上げだった。

아무것도 못해

A 정부는 방사능 오염에 어떠한 대책도 마련하지 못하고 있어.
政府は放射能汚染について何の対策も用意できていないよ。

B 이렇게 속수무책으로 바라볼 수밖에 없는 것인지, 걱정돼.
このようにどうすることもできなくてただ見ているしかないのか、心配だ。

056 ▶ 056 ☆☆☆

수수방관 袖手傍観

日漢	**袖手傍観** しゅうしゅぼうかん
意味	当然すべき事があるのに、何もせずに成り行きを眺めていること

정부에서는 노숙자 문제를 해결하지 않고 수수방관했다.
政府は、ホームレスの問題を解決せずに手をこまねいていた。

A 학교 생활에 고민이 있으면 선생님께 상담을 해 보지 그래?
学校生活に悩みがあるのなら、先生に相談してみたら？

B 선생님께 말씀드려 봤지만 수수방관으로 일관하셨어요.
先生にお話したんですが、何もしてくれなく、いつも見ているだけでした。

057 ▶ 057 ☆☆☆

승승장구 乗勝長驅

日漢 常勝疾走 じょうしょうしっそう
意味 今勢いに乗っていること。快進撃を続ける

신인 여배우가 이번 드라마의 여주인공을 맡으며 승승장구하고 있다.

新人女優が今回のドラマの女主人公を引き受けて常勝疾走している。

A 내일 경기만 이기면 이제 준결승전이야.
明日の試合に勝てばもう準決勝だ。

B 좋아, 승승장구로 결승전까지 가자!
よし、この勢いで決勝まで行こう！

058 ▶ 058 ☆☆☆

시기상조 時期尚早

日漢 時期尚早 じきしょうそう
意味 事を実行するのはまだ時期が早すぎること

부동산 시장이 호황인 이때에 집값이 떨어지기를 기대하는 것은 시기상조이다.

不動産市場が活況を呈しているこの時期に、住宅価格の低下を期待することは時期尚早である。

A 여자 친구하고 결혼하고 싶은데 어떻게 생각해?
彼女と結婚したいんだけど、どう思う？

B 벌써? 만난 지 3개월밖에 안 됐는데 결혼하는 건 시기상조가 아닐까?
もう？出会って3ヶ月しか経ってないのに結婚するのは時期尚早ではないか？

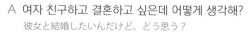

059 ▶ 059 ☆☆☆

시시각각 [시시각깍] 時時刻刻

日漢 時々刻々　じじこくこく
意味 時を追って次々と何かが起こる様子

갑작스러운 자연 재해가 연이어 발생하자 시시각각 무수한 예측과 전망이 나오고 있다.

突然の自然災害が相次いで発生するや、時々刻々と数々の予測と見通しが出ている。

A 요즘 이런 스타일이 유행이래.

最近、このようなスタイルが流行ってるらしいよ。

B 유행이 시시각각으로 변하니 따라갈 수가 없네.

流行が時々刻々と変わるからついていけないね。

060 ▶ 060 ☆☆☆

시행착오 試行錯誤

日漢 試行錯誤　しこうさくご
意味 試みと失敗を何度も繰り返して、問題の解決に近づけていくこと

여러 차례의 시행착오 끝에 드디어 신제품을 개발하였다.

複数回の試行錯誤の末、ついに新製品を開発した。

A 무엇을 그렇게 열심히 쓰세요?

何をそんなに一生懸命に書いているんですか？

B 후임자가 저와 같은 시행착오를 되풀이하지 않도록 문제점과 해결책을 정리하고 있습니다.

後任者が私と同じ試行錯誤を繰り返さないように、問題点と解決策をまとめているんです。

/ 사자성어와 의미를 맞게 연결하세요.

1. 상부상조 •
   相扶相助

2. 새옹지마 •
   塞翁之馬

3. 선견지명 •
   先見之明

4. 설상가상 •
   雪上加霜

5. 속수무책 •
   束手無策

6. 수수방관 •
   袖手傍觀

7. 승승장구 •
   乘勝長驅

8. 시기상조 •
   時期尚早

9. 시시각각 •
   時時刻刻

10. 시행착오 •
    試行錯誤

• a. 곤란하거나 불행한 일이 잇따라 일어남.

• b. 서로서로 도움.

• c. 어떤 일에 관여하거나 거들지 않고 그
     대로 내버려 둠.

• d. 어찌할 방법이 없어 꼼짝 못 함.

• e. 좋은 일이 다시 나쁜 일이 될 수도 있고
     나쁜 일이 다시 좋은 일이 될 수도 있어
     인생은 예측하기 어려움.

• f. 어떤 일을 하기에 아직 때가 이름.

• g. 그때그때의 시간.

• h. 다가올 일을 미리 내다보고 아는 지혜.

• i. 싸움이나 경쟁 등에서 이긴 기세를 타고
     나아가며 계속 이김.

• j. 어떤 목표에 이르기 위해 시도와 실패를
     되풀이하면서 점점 알맞은 방법을 찾는 일.

061 ▶ 061 ★★☆

심기일전 [심기일쩐] 心機一轉

| 日漢 | 心機一転　しんきいってん |
| 意味 | 何かをきっかけに気持ちがよい方向に切り替わること |

그는 새해부터는 새로운 것에 도전하겠다며 심기일전의 뜻을 밝혔다.

彼は新年からは新しいことに挑戦するといって、心機一転の心境を明らかにした。

A 이번 잘못은 없었던 일로 하고 다시 기회를 드리겠습니다.

今回の誤りはなかった事にして、もう一度機会を与えます。

B 감사합니다. 심기일전으로 노력하겠습니다.

ありがとうございます。心機一転して努力します。

062 ▶ 062 ★☆☆

심사숙고 [심사숙꼬] 深思熟考

| 意味 | 深く考えること |

심사숙고한 끝에 나는 회사를 그만두기로 했다.

深思熟考の末に、私は会社を辞めることにした。

A 이번 일은 이대로 진행할까 합니다.

今回のことは、このまま進めようと思います。

B 중요한 문제이니 너무 빨리 결정하지 말고 심사숙고를 해 보시는 게 어떨까요?

重要な問題ですから、急いで決定せず熟慮してみるのはどうでしょうか？

· 37 ·

십중팔구 [십쭝팔구] 十中八九

日漢 十中八九　じっちゅうはっく
意味 十のうちの八か九まで。ほとんど、おおかた

이 프로젝트는 십중팔구 성공할 것이다.
このプロジェクトは、十中八九成功するだろう。

A 친구들 중에 아직 대학 졸업을 안 한 사람이 있어?
友人の中にまだ大学を卒業していない人はいる？

B 글쎄. 십중팔구가 졸업했고, 아직 학교에 있는 사람은 거의 없을걸.
まあ。十中八九は卒業して、まだ学校に残っている人はほとんどいないと思うよ。

 × 10

안하무인 眼下無人

日漢 傍若無人　ぼうじゃくぶじん
意味 公の場であるにもかかわらず、周りに人がいないかのように他人の迷惑を考えない好き勝手な行動をすること

사람이 돈을 좀 벌더니 안하무인이 되었다.
人がお金を稼ぐと傍若無人になった。

A 우리 아들이 너무 제멋대로 행동하고 다른 사람을 무시해서 걱정이야.
うちの息子があまりにも勝手に行動して、他の人を無視して心配だよ。

B 안하무인으로 행동하지 않도록 네가 잘 야단치고 타일러야지.
傍若無人に行動しないように、あなたが上手く叱って言い聞かせないとね。

065 ▶065

☆☆☆

애매모호 曖昧模糊

| 日漢 | **曖昧模糊** あいまいもこ |
| 意味 | あいまいではっきりしないこと |

이번에 개정된 법률은 기준이 애매모호하여 시행도 되기 전에 논란에 휩싸였다.

今回改正された法律は基準があいまいで、施行される前に論争が続いた。

A 민수가 네 부탁을 들어준대?

ミンスが、君のお願いを聞いてくれるって？

B 글쎄, 대답을 애매모호하게 해서 잘 모르겠어.

まあ、返事があいまいで、よく分からない。

▫ 논란[論難] 論議、議論

066 ▶066

☆☆☆

애지중지 愛之重之

| 意味 | 非常に愛して大事にするさま |

일 년 내내 농부들이 애지중지 가꾼 덕에 저 넓은 논의 벼들이 모두 풍성하게 자랐다.

一年を通して農家が大切に育てたおかげで、広い田んぼの稲がすべて豊かに実った。

A 따님이 좋은 곳으로 시집을 가니 기쁘시겠어요.

お嬢さんが良いところにお嫁に行って嬉しいでしょう。

B 그래도 애지중지 키우던 아이가 결혼해서 잘살까 걱정이 돼요.

でも大事に育てた子供が他人の家で結婚してうまくやっていけるか心配になります。

어부지리 漁夫之利

日漢 漁夫之利　ぎょふのり

意味 両者が争っているすきに第三者が労せずして利益を横取りすることのたとえ

이번 선거에서는 여당 후보와 야당 후보의 다툼 속에서 무소속 후보가 어부지리로 당선되었다.

今回の選挙では、与党の候補と野党の候補が争う中で無所属の候補が漁夫の利で当選した。

A 올해 돈 좀 벌었다며?

今年お金を稼いだんだって？

B 응, 어부지리 격으로 예상치 못한 돈이 굴러 들어왔어.

うん、漁夫の利で予期せぬお金が舞い込んで来たよ。

왈가왈부 曰可曰否

意味 あれやこれやと言い立てること、つべこべ言うこと

사람들은 적당한 의견을 내지 못한 채 왈가왈부로 아까운 시간만 보내고 있었다.

人々は適切な意見を出さないまま、あれやこれや言い立てるだけで、大切な時間だけが過ぎていった。

A 회사에는 다시 얘기해 봤어요?

会社には再度話してみましたか？

B 이미 다 지나간 일인데 지금 와서 왈가왈부해 봐야 무슨 소용 있겠습니까?

既に全部過ぎたことなので、今になってどうこう言ったって無駄じゃないでしょうか。

069 ▶ 069

☆☆☆

우유부단 優柔不斷

日漢 **優柔不斷** ゆうじゅうふだん

意味 ぐずぐずして物事の決断が鈍いこと

그의 우유부단함 때문에 많은 사람들이 피해를 보았다.

彼が優柔不斷なせいで多くの人が被害を受けた。

A 이것으로 할지 저것으로 할지 아직도 결정을 못 하겠어.

これにするか、あれにするか、まだ決められないよ。

B 아이고, 네 우유부단함이 정말 지긋지긋하다.

ああ、あなたの優柔不斷には本当にうんざりするよ。

070 ▶ 070

★☆☆

우후죽순 [우후죽쑨] 雨後竹筍

意味 雨後の筍 (うごのたけのこ)。物事が相次いで現れることのたとえ

어린이들을 상대로 하는 영어 학원이 우후죽순으로 생겨났다.

子供たちを対象とした英語塾が相次いでできた。

A 우와, 여기 언제 이렇게 카페가 많아졌어?

おっ、ここはいつの間にこんなにたくさんカフェができた？

B 예전엔 한 곳밖에 없었는데 갑자기 우후죽순으로 늘어났어.

以前は一か所しかなかったのに、雨後の筍のように突然増えてきたよ。

✎ 사자성어와 의미를 맞게 연결하세요.

1. 심기일전 •
   心機一轉

2. 심사숙고 •
   深思熟考

3. 십중팔구 •
   十中八九

4. 안하무인 •
   眼下無人

5. 애매모호 •
   曖昧模糊

6. 애지중지 •
   愛之重之

7. 어부지리 •
   漁夫之利

8. 왈가왈부 •
   曰可曰否

9. 우유부단 •
   優柔不斷

10. 우후죽순 •
    雨後竹筍

• a. 어떤 일에 대해 깊이 생각함.

• b. 세상에서 자기가 가장 잘난 듯이 남을
     깔보고 멸시함.

• c. 어떤 동기가 있어 지금까지 가졌던 생각
     이나 마음가짐을 버리고 완전히 달라짐.

• d. 두 사람이 서로 다투는 사이에 다른 사람
     이 힘들이지 않고 이익을 대신 얻는 모양.

• e. 어떤 일이 한때에 많이 생겨나는 것.

• f. 매우 사랑하고 소중히 여기는 모양.

• g. 어떤 일에 대하여 옳다거나 옳지 않다
     고 서로 말함.

• h. 열 가운데 여덟이나 아홉 정도로 거의
     대부분.

• i. 망설이기만 하고 결정을 짓지 못함.

• j. 말이나 태도 등이 분명하지 않음.

071 ⓟ071 ★★☆

유명무실 有名無實

| 日漢 | **有名無實** ゆうめいむじつ |
| 意味 | 名ばかりで、実質が伴っていないこと |

유명하다는 식당은 막상 가 보면 가격도 비싸고
유명무실인 경우가 많다.

有名なレストランは、いざ行ってみると、価格も高く、有名
無実である場合が多い。

A 육아 휴직제도가 있어도 이용하는 사람이 거의 없다며?

育児休暇制度があっても利用する人がほとんどいないら
しいね。

B 응, 제도가 있어도 혜택 받는 사람이 거의 없으니
유명무실이지.

うん、制度があっても恩恵を受ける人がほとんどないから
有名無実だよ。

072 ⓟ072 ★★☆

유비무환 有備無患

| 意味 | 備えあれば憂いなし。普段から準備をしておけば、いざ |
| | というとき何も心配がないということ |

감기가 유행하니 유비무환의 마음가짐으로 개인위생을
철저히 해 주세요.

風邪が流行っているので、備えあれば憂いなしの気持ちで
個人衛生を徹底してください。

A 체조할 건데 뭐하러 또 스트레칭을 합니까?

体操をするのに、なんでストレッチもしますか？

B 유비무환이라고 체조하기 전에 몸을 풀어 놔야 다
치지 않죠.

備えあれば憂いなしで体操の前に体をほぐしておいたほ
うがケガしないですよ。

□ 몸을 풀다 体をほぐす

073 ⊙073 ★★★

유언비어 流言蜚語

日漢 流言飛語 りゅげんひご
意味 世間に広がる根拠がないうわさやでたらめな情報。デマ

수지는 다른 사람이 퍼트린 유언비어 때문에 오해를
받았다.
スジは他の人が拡散させたデマのせいで誤解された。

A 그 연예인에 대한 소문 들었니? 정말 깜짝 놀랐어.
あの芸能人の噂聞いた？本当にびっくりした。

B 그런 유언비어는 믿을 게 못 돼.
そのようなデマは信じちゃダメ。

074 ⊙074 ★★☆

의기소침 意氣銷沈

日漢 意気消沈 いきしょうちん
意味 元気をなくし、落ち込むこと

아버지는 연이은 사업의 실패로 의기소침에 빠지고 말
았다.
父は相次ぐ事業の失敗で意気消沈してしまった。

A 왜 이렇게 힘이 없니? 내일 있을 면접이 걱정되는
모양이구나.
何でこんなにに元気がないの？明日の面接が気になってい
るのね。

B 응, 사실 나보다 재능 있는 사람들이 많을 거 같아
서 의기소침해지네.
うん、実は、私より才能のある人が多いかもしれなくて、
意気消沈してる。

075 ▶ 075 ★★☆

의기양양 [의기양양/의기양냥] 意氣揚揚

日漢 **意気揚揚** いきようよう

意味 気持ちが高まり、自信たっぷりに、誇らしげにふるうさま

그는 팬들의 환호를 받으며 의기양양 걸어갔다.
彼はファンの歓声を浴びながら意気揚々と歩いて行った。

A 저 친구 성공해서 의기양양하게 말하더라.
あの子、成功して意気揚々と話していたね。

B 그러게, 저렇게 달라지네.
そうだね、あんなに変わるんだね。

076 ▶ 076 ★★☆

이구동성 異口同聲

日漢 **異口同音** いくどうおん

意味 大勢の人が口をそろえて同じ意見をいうこと。多くの人の考えが一致すること

사람들은 그가 그림을 잘 그린다고 이구동성으로 칭찬했다.
人々は、彼は絵がうまいと異口同音に賞賛した。

A 수지 씨가 실력이 있다고 회사 사람들이 이구동성으로 말하던데요.
スジさんが実力があると、会社の人たちが異口同音に言っていましたよ。

B 수지 씨가 꼼꼼하면서도 일 처리가 빨라요.
スジさんは几帳面だし、仕事の処理が速いですよ。

077 ⏵077 ★☆☆

이심전심 以心傳心

日漢 **以心伝心** いしんでんしん
意味 文字や言葉を使わなくてもお互いの心と心で通じ合うこと

우리는 이심전심으로 서로 잘 통하는 사이이다.
私たちは以心伝心でお互いよく通じる間柄である。

A 시합 준비는 어떤가요?
　試合の準備はどうですか。

B 선수들은 이심전심이 되어 승리하기 위해 한마음으로 훈련에 임하고 있습니다.
　選手たちは以心伝心の間柄で、勝利のため心を一つにして練習に励んでいます。

078 ⏵078 ★☆☆

이열치열 以熱治熱

意味 力には力で制すること

이열치열로 더운 여름에는 뜨거운 음식을 먹는다.
力には力で制するように、暑い夏には熱い食べ物を食べる。

A 이열치열이라고 날씨도 더운데 우리 한증막에나 가서 땀 한번 푹 내고 올까?
　力には力で制するというように、暑いから一緒にサウナに行って汗でもかいてこようか。

B 좋아!
　いいね！

079 ▶ 079 ☆☆☆

인산인해 [인사닌해] 人山人海

日漢 **人山人海** じんさんじんかい

意味 黒山の人だかり

불꽃 축제를 구경하러 온 사람들로 바닷가는 인산인해가
되었다.

花火を見に来た人たちで浜は人山人海となった。

A 사람이 정말 많네요.

人が本当に多いですね。

B 오늘 야구 경기가 있어서 관전하는 사람들로
인산인해네요.

今日野球の試合があるので、観戦する人で人山人海ですね。

080 ▶ 080 ☆☆☆

일거양득 一擧兩得

日漢 **一挙両得** いっきょりょうとく

意味 一つの行為で、同時に二つの利益を得られること

수분 보충과 주름살 개선의 일거양득 효과가 있는 화
장품이 새로 나왔어요.

水分補給とシワ改善の一挙両得の効果がある化粧品が新た
に出ました。

A 담배를 끊었더니 건강도 좋아지고 돈도 절약돼서
좋아요.

たばこをやめたところ健康も良くなって、お金も節約でき
るから良いです。

B 그거야말로 일거양득이네요.

それこそ一挙両得ですね。

✎ 사자성어와 의미를 맞게 연결하세요.

1. 유명무실 •
   有名無實

2. 유비무환 •
   有備無患

3. 유언비어 •
   流言蜚語

4. 의기소침 •
   意氣銷沈

5. 의기양양 •
   意氣揚揚

6. 이구동성 •
   異口同聲

7. 이심전심 •
   以心傳心

8. 이열치열 •
   以熱治熱

9. 인산인해 •
   人山人海

10. 일거양득 •
    一擧兩得

• a. 확실한 근거 없이 퍼진 소문.

• b. 이름만 보기에 번듯하고 실속은 없음.

• c. 사람이 셀 수 없을 만큼 많이 모인 상태.

• d. 자신감이 줄어들고 기운이 없어짐.

• e. 여러 사람의 말이 한입으로 말하는 것
     처럼 같음.

• f. 미리 준비를 해 놓으면 걱정할 것이 없음.

• g. 한 가지 일을 해서 두 가지 이익을 얻음.

• h. 열은 열로써 다스림.

• i. 원하던 일을 이루어 만족스럽고 자랑스
     러운 마음이 얼굴에 나타난 모양.

• j. 마음과 마음으로 서로 뜻이 통함.

081 ▶081 ★★☆

일망타진 一網打盡

> 日漢 一網打尽 いちもうだじん
> 意味 犯人などをひとまとめに捕らえること

경찰은 폭력 조직을 일망타진하였다.
警察は暴力団を一網打尽した。

A 범인이 빨리 잡혀야 할 텐데 걱정이네요.
犯人が早く捕まらなければ心配ですね。

B 아, 그 사건 범인들은 일망타진되었다고 좀 전에 속보가 나왔어요.
ああ、あの事件の犯人は一網打尽したと先ほど速報が出てましたよ。

082 ▶082 ★★☆

일맥상통 [일맥쌍통] 一脈相通

> 意味 一脈相通ずる。どこか共通するところがある

나는 남편과 관심사가 일맥상통임을 느꼈다.
私は夫と興味が一脈相通じていることを感じた。

A 김 교수님 주장에 대해서 어떻게 생각하세요?
金教授の主張についてどう思いますか？

B 김 교수의 연구 결과는 내 주장과 일맥상통하는 거 같아요.
キム教授の研究結果は、私の主張と一脈相通じているように思います。

□ 일맥상통임 "임"は、"이다"の名詞化

083 ▶ 083 ☆☆☆

일사천리 [일싸철리] 一瀉千里

日漢 一瀉千里 いっしゃせんり

意味 物事が速やかにはかどり進むこと。文章や弁舌がよどみ
ないこと

어려운 말인데 일사천리로 읽어나갔다.
難しい言葉なのに一瀉千里と読み上げていった。

A 이제 마무리만 하면 돼.
仕上げだけすれば、もうすぐ終わるよ。

B 벌써? 정말 일이 일사천리로 이뤄지는구나.
もう？本当に仕事が一気にはかどるのね。

084 ▶ 084 ☆☆☆

일석이조 [일써기조] 一石二鳥

日漢 一石二鳥 いっせきにちょう

意味 一つの行為で、同じに二つの利益、効果をあげること

이 옷은 가격이 저렴하고 디자인도 예뻐서 일석이조네요.
この服は価格が安くて、デザインもおしゃれだから一石二
鳥ですね。

A 돈 안 들이고 할 수 있는 좋은 다이어트 방법이 있
을까요?
お金をかけずにできる良いダイエット方法はありますか。

B 줄넘기는 어때요? 건강에도 좋고 재미도 있으니까
일석이조입니다.
縄跳びはどうですか？健康にもいいし、面白いから一石
二鳥です。

일언반구 [이런반구] 一言半句

⭐⭐☆

日漢　一言半句　いちごんはんく

意味　ほんの少しのことば。ちょっとしたことば

아주 짧은 말

대통령은 기자 회견에서 이번 사고에 대해서는 일언반구도 하지 않았다.

大統領は記者会見で、今回の事故については一言半句も話さなかった。

A 저 사람 누구예요?

あの人は誰ですか？

B 담당자 아닐까요? 근데 아무리 사람들이 질문을 해도 일언반구의 대꾸도 없네요.

担当者じゃないですね？ところでいくら人が質問をしても一言半句の返事もないですね。

일편단심 一片丹心

⭐⭐☆

意味　変わらぬ真心

첫사랑이었던 아내를 평생 동안 일편단심으로 아끼고 사랑했다.

初恋だった妻を生涯ひたむきに愛した。

A 수지는 남자 친구 있어?

スジは彼氏いるの？

B 어, 군대 간 남자 친구를 일편단심으로 기다리고 있다고 들었어.

うん、軍隊に行ってる彼氏をひたむきに待っていると聞いたわ。

087 ▶087 ☆☆☆

임기응변 臨機応変

日漢	**臨機応変** りんきおうへん
意味	その場のなりゆきに応じて、適切な手段を取ったり対応を変えたりすること

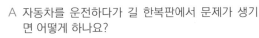

그는 용기는 있지만 임기응변의 적응력은 없다.

彼は勇気はあるが、臨機応変な適応能力はない。

A 자동차를 운전하다가 길 한복판에서 문제가 생기면 어떻게 하나요?

車を運転している最中に道の真ん中で問題が発生した場合、どうすればいいですか？

B 그럴 땐 상황에 따라 임기응변으로 대처하는 수밖에 없어요.

そういう時は、状況に応じて臨機応変に対処するしかありません。

088 ▶088 ☆☆☆

자격지심 [자격찌심] 自激之心

日漢	**自責之念** じせきのねん
意味	後悔して自分を責める気持ち

나는 취업한 친구들을 보며 자격지심을 느꼈다.

私は就職した友人たちを見ながら自分の至らなさを感じました。

A 왜 그래? 무슨 일 있었어?

どうしたの？何かあったの？

B 남자 친구보다 학벌도 집안도 딸려서 갈수록 자격지심이 생겨요.

彼氏より学歴も家柄も足りなくて、ますます自分の至らなさを感じます。

089 ▶089 ☆☆☆

자수성가　自手成家

意味　（受け継ぐ財産のない人が）自力で一家の暮らしを立て
ること

김 사장님은 자수성가로 성공한 사람이다.
キム社長は一代で成功した人である。

A 수지 씨는 젊은 나이에 회사를 경영하고 집이 원래
부자인가 봐요?
スジさんは若いのに会社を経営して、実家がもともとお金
持ちなんですか？

B 아니야. 자수성가한 사람이야.
いいえ。自分の力で成功した人よ。

090 ▶090 ☆☆☆

자업자득　[자업짜득]　自業自得

日漢　**自業自得**　じごうじとく
意味　自分の行為の報いを自分自身が受けること。通例、悪行
についていう

자업자득이라고 2개월간 매일 밤 늦게 음식을 먹었더
니 살이 10kg이나 쪘다.
自業自得で、2ヶ月間毎晩遅く食べていたら10kgも太った。

A 숙제를 제출하지 않아서 선생님께 혼났어.
宿題を提出しなくて先生に怒られた。

B 자업자득이네.
自業自得だね。

✎ 사자성어와 의미를 맞게 연결하세요.

1. 일망타진
   一網打盡

2. 일맥상통
   一脈相通

3. 일사천리
   一瀉千里

4. 일석이조
   一石二鳥

5. 일언반구
   一言半句

6. 일편단심
   一片丹心

7. 임기응변
   臨機応変

8. 자격지심
   自激之心

9. 자수성가
   自手成家

10. 자업자득
    自業自得

a. 아주 짧은 말.

b. 동시에 두 가지 이익을 얻음.

c. 어떤 일이 중간에 걸리거나 막힘이 없이 빨리 진행됨.

d. 생각, 상태, 성질 등이 서로 통하거나 비슷해짐.

e. 어떤 무리를 한꺼번에 모조리 다 잡음.

f. 물려받은 재산 없이 자기의 힘으로 큰돈을 벌어 집안을 일으킴.

g. 변하지 않는 진실하고 굳은 마음.

h. 자신에 대해 스스로 만족하지 못하고 부끄럽게 생각하는 마음.

i. 그때그때의 상황에 맞게 바로 결정하거나 처리함.

j. 자기가 한 일의 결과를 자기가 받음.

091 ⊙ 091 ☆☆☆

자초지종 自初至終

日漢	一部始終 いちぶしじゅう
意味	物事の始めから終わりまでの詳しいいきさつ

선생님은 우리들에 사건의 자초지종을 차근차근 설명
해 주었다.

先生は私達に事件の一部始終を順々に説明してくれた。

A 혼자 고민하지 말고 나한테 자초지종을 털어놔 봐.

一人で悩まずに私に一部始終を打ち明けてみて。

B 실은 여자 친구가 헤어지자고 하는데 어떻게 해야
할지 모르겠어.

実は彼女が別れようと言ってきて、どうしたらいいかわ
からないんだ。

092 ⊙ 092 ☆☆☆

자포자기 自暴自棄

日漢	自暴自棄 自暴自棄
意味	失望などのために投げやりな行動をして、自分を駄目に
することこと

그는 실직 후 자포자기해 범행을 저질렀다고 말했다.

彼は失業後、自暴自棄になって、犯行に及んだといった。

A 요즘 수지에게 무슨 일 있니? 모임에도 나오지 않
고 말야.

最近スジに何かあったの?集まりにも出てこないし。

B 남친이랑 헤어지고 자포자기에 빠진 것 같아.

彼氏と別れた後、自暴自棄に陥っているみたい。

093 ▶ 093 ☆☆☆

작심삼일 [작씸사밀] 作心三日

日漢 三日坊主　みっかぼうず

意味 物事にあきやすく長続きしないこと

새해부터 일찍 일어나겠다는 결심은 작심삼일로 끝나고 말았다.

新年から早起きするという決意は、三日坊主で終わってしまった。

A 전 내일부터 매일 운동하기로 마음을 먹었어요.

私は明日から毎日運動すると心に決めました。

B 작심삼일이 되지 않도록 노력하세요.

三日坊主にならないように頑張ってください。

094 ▶ 094 ☆☆☆

적반하장 [적빤하장] 賊反荷杖

意味 盗人猛々しい（ぬすっとたけだけしい）。盗みをしながら平気でいたり、悪事をとがめられて逆に居直ったりすることをののしっていう

사고를 낸 사람이 오히려 내 책임을 따지면서 적반하장의 태도를 보였다.

事故を起こした人は、むしろ私の責任を問い詰めて盗人猛々しい態度を見せた。

A 중간에 끼어든 건 당신이잖아요?

中に割って入ったのはあなたでしょう？

B 뭐예요? 왜 적반하장으로 화를 내고 그러세요?

何ですって？なんで怒るんですか。盗人猛々しい。

095 ▶ 095 ☆☆☆

전대미문 前代未聞

日漢	**前代未聞** ぜんだいみもん
意味	今までに聞いたことのないこと。非常に珍しいこと

김연아는 피겨 역사상 전대미문의 기록으로 우승을 차지했다.

キムヨナはフィギュア歴史上前代未聞の記録で優勝した。

A 국보인 남대문이 방화로 유실되다니!

国宝である南大門が放火で失われるなんて！

B 그러게요. 이런 전대미문의 사건이 일어나다니 믿기질 않아요.

本当ですよ。こんな前代未聞の事件が起きるなんて信じられないです。

096 ▶ 096 ☆☆☆

전전긍긍 戰戰兢兢

日漢	**戦々恐々** せんせんきょうきょう
意味	物事を恐れてびくびくしているさま

상호는 자신의 거짓말이 들킬까 봐 불안에 떨며 전전긍긍이었다.

サンホは自分の嘘がばれるかもしれないと、不安に戦々恐々としていた。

A 왜 이렇게 전전긍긍이니?

どうしてそんなに戦々恐々としてるの？

B 숨겨둔 성적표를 아무래도 엄마가 보신 것 같아.

隠しておいた成績表をどうやらお母さんが見たみたい。

097 ⏵097 ★★★

전화위복 轉禍爲福

意味 禍転じて福と為す。わざわいに襲われても、それを逆用して幸せになるよう取り計らうこと

현재의 어려움을 전화위복의 계기로 삼겠습니다.

現在の困難を災い転じて福の契機にします。

A 건강은 많이 회복되셨나요?

健康は以前よりよくなられましたか。

B 네. 한동안 푹 쉬었더니 아프기 전보다 몸이 더 좋아져 전화위복이 됐어요.

はい。しばらく休んだことで病気の前よりも元気になって災い転じて福になりました。

098 ⏵098 ★★★

정정당당 正正堂堂

日漢 **正々堂々** せいせいどうどう
意味 態度や手段が正しくて立派なさま

남을 뒤에서 헐뜯고 비난하는 것은 잘못이지만 정정당당한 비판은 필요하다.

人を後ろからけなし非難するのは間違っているが、正々堂々たる批判は必要である。

A 네가 나보다 키가 작으니까 줄을 낮춰 줄게.

君が私より背が低いからネットを下げてあげる。

B 됐어. 시합은 정정당당하게 해야지.

結構。試合は正々堂々とすべきだよ。

· 58 ·

099 ▶ 099

좌지우지 左之右之

意味 自分の思い通りにすること。牛耳ること

수지는 자신의 일을 부모님이 좌지우지하는 것이 싫었다.
スジは自分が両親の思い通りにされることが嫌だった。

A 김 사장님이 마음대로 회사를 운영하게 둘 건가요?
キム社長が勝手に会社を運営するのをほっとくつもりですか？

B 저도 더 이상 김 사장에게 회사가 좌지우지되는 건 못 참겠어요.
私もこれ以上キム社長が会社を牛耳るのはもう我慢できないです。

100 ▶ 100

죽마고우 [중마고우] 竹馬故友

意味 竹馬の友。幼なじみ

두 사람은 어린 시절을 함께 보낸 동갑내기 죽마고우이다.
二人は子供時代を一緒に過ごした同い年の竹馬の友である。

A 좀 전에 같이 계시던 분은 누구세요?
先程までご一緒だった方はどなたですか？

B 제 죽마고우인데 저 만나려고 오늘 시골에서 올라왔어요.
私の竹馬の友なんですけど、私に会いに今日田舎から出てきたんです。

✎사자성어와 의미를 맞게 연결하세요.

1. 자초지종 •
   自初至終

2. 자포자기 •
   自暴自棄

3. 작심삼일 •
   作心三日

4. 적반하장 •
   賊反荷杖

5. 전대미문 •
   前代未聞

6. 전전긍긍 •
   戰戰兢兢

7. 전화위복 •
   轉禍爲福

8. 정정당당 •
   正正堂堂

9. 좌지우지 •
   左之右之

10. 죽마고우 •
    竹馬故友

• a. 잘못한 사람이 잘못이 없는 사람을 나무람. 또는 그 태도.

• b. 결심이 강하고 단단하지 못함.

• c. 몹시 무서워하여 벌벌 떨며 조심함.

• d. 처음부터 끝까지의 모든 과정.

• e. 이제까지 들어 본 적이 없는 매우 놀랍거나 처음 있는 일.

• f. 이리저리 제 마음대로 휘두르거나 다룸.

• g. 불행하고 나쁜 일이 바뀌어 오히려 좋은 일이 됨.

• h. 절망에 빠져서 스스로 자신을 돌보지 않고 모든 일을 포기함.

• i. 어렸을 때 친구.

• j. 태도나 수단이 올바르고 떳떳함.

101 ▶ 101 ★★★

중구난방 衆口難防

意味 衆口ふさぎ難し。防ぐことが難しいほどの大勢の人が騒ぐこと。多くの人々を全部口止めするのは難しい

우리나라의 백신 정책은 중구난방이다.
我が国のワクチン政策は衆口難防である。

A 중구난방으로 자기 말만 하지 말고 할 말 있으면 차례로 손을 들고 말씀하세요.
一度にみんなが自分勝手に言うのではなく、言いたい人は順番に手を挙げておっしゃってください。

B 네, 알겠습니다.
はい、わかりました。

102 ▶ 102 ★☆☆

진수성찬 珍羞盛饌

意味 ご馳走がたくさん並ぶ様子

어르신들을 돕고자 진수성찬을 준비하는 모습으로 훈훈함을 자아냈다.
お年寄りたちを援助しようと、ご馳走をたくさん準備する姿にほのぼのとした気持ちになった。

A 이게 웬 진수성찬이에요? 오늘 무슨 날인가요?
どうしてこんなにご馳走が並んでるんですか？今日何か特別な日なんですか？

B 민수가 학교에서 상을 받았다기에 축하하려고 맛있는 음식 좀 만들어 봤어.
ミンスが学校で受賞したことをお祝いしようと、おいしい食べ物ちょっと作ってみたんだ。

103 ⏵ 103 ★★★

차일피일 此日彼日

意味 約束や期日などを今日、明日と延ばすこと

나는 선생님과의 약속을 차일피일 미루었다.
私は先生との約束を今日、明日と延ばした。

A 죄송하지만 조금만 더 기간을 연장해 주세요.
申し訳ありませんが、もう少し期間を延長してください。

B 이렇게 차일피일 늦어지면 저도 곤란합니다.
そうやって、今日、明日と延ばしたら私も困ります。

104 ⏵ 104 ★★★

천고마비 天高馬肥

意味 天高く馬肥ゆる秋。空は澄み切って晴れ、馬が食欲を増し肥えてたくましくなる秋。秋の好時節をいう言葉

천고마비의 계절인 가을이 되었다.
天高く馬肥ゆる季節の秋になった。

A 나는 맛있는 햇과일을 먹을 수 있는 가을이 좋아.
私はおいしい新物の果物が食べられる秋が好き。

B 천고마비의 계절이라 역시 풍요롭지.
天高く馬肥ゆる季節だから、やはり美味しい食べ物が豊富だね。

105

▶ 105

★★☆

천방지축 天方地軸

意味 思慮分別なくでたらめに振る舞うこと

저 사람은 도대체 언제까지 저렇게 천방지축으로
노는지 모르겠다.

あの人は一体いつまであんなに思慮分別なく、でたらめに
振る舞うんだろうね。

A 주말에 애 돌본다고 정신이 하나도 없었어.

週末子供の面倒をみて目が回りそうだったよ。

B 그 나이 때가 천방지축으로 행동할 때지.

あの年齢の時がムチャクチャに行動する頃よね。

106

▶ 106

★★☆

천생연분 [천생년분] 天生緣分

意味 天が定めた緣

우리 부부는 하늘이 맺어준 천생연분이에요.

私たち夫婦は天が定めた緣で結ばれました。

A 남편과 운명적으로 사랑에 빠졌다면서?

ご主人と運命的に恋に落ちたんだって？

B 응. 만난 순간에 서로 천생연분을 만났다고 생각했어.

うん。出会った瞬間、お互い赤い糸で結ばれた人に出会
ったと思ったね。

천신만고 千辛萬苦

★★☆

| 日漢 | **千辛万苦** せんしんばんく |
| 意味 | 様々な苦労や困難を経験すること |

우리는 천신만고 끝에 기울어진 회사를 다시 일으켰다.
私たちは、千辛万苦の末、傾いた会社を立て直した。

A 우리 팀이 이겼어?
私たちのチームが勝った？

B 초반에 큰 점수 차로 뒤졌지만 천신만고 끝에 승리
했어.
前半は大きな点数差で負けていたけど、千辛万苦の末、
勝利した。

천재지변 天災地變

★★☆

| 日漢 | **天災地変** てんさいちへん、**天変地異** てんぺんちい |
| 意味 | 自然界に起こる様々な災い。天地間に起こる自然災害や異変 |

두 달 넘게 비가 안 내리는 천재지변으로 농작물이
전부 타들어가 버렸다.
二ヶ月以上雨が降らない天変地異で、農作物が全て枯れて
しまった。

A 이번 재해는 보상 대상이 되나요?
今回の災害は補償対象になりますか。

B 천재지변으로 생긴 손해에 대해서는 보상 대상이
되지 않습니다.
天災地変で生じた損害に対しては補償対象になりません。

109 ▶109 ☆☆☆

철두철미 [철뚜철미] 徹頭徹尾

日漢 徹頭徹尾 てっとうてつび

意味 最初から最後まである一つのことを貫くこと

이번 일은 철두철미 실수 없이 해야 한다.
今回のことは、徹頭徹尾、間違いなくしなければならない。

A 사장님은 매사에 철두철미하고 빈틈이 없어.
社長はすべてのことに徹頭徹尾で隙がない。

B 맞아. 아주 확실한 분이시지.
本当。とても堅実な方だよね。

110 ▶110 ☆☆☆

청천벽력 [청천병녁] 青天霹靂

日漢 青天霹靂 せいてんのへきれき

意味 急に起きる変動、大事件。突然受けた衝撃

부모님이 돌아가셨다는 말은 내게 청천벽력이었다.
両親が亡くなったという話は、私にとって青天の霹靂だった。

A 오늘 회사에 사표냈어.
今日会社に辞表出したよ。

B 아니. 그게 무슨 청천벽력 같은 소리예요?
えっ？青天の霹靂のような話で驚きました。

✎ 사자성어와 의미를 맞게 연결하세요.

1. 중구난방 •
   衆口難防

2. 진수성찬 •
   珍羞盛饌

3. 차일피일 •
   此日彼日

4. 천고마비 •
   天高馬肥

5. 천방지축 •
   天方地軸

6. 천생연분 •
   天生緣分

7. 천신만고 •
   千辛萬苦

8. 천재지변 •
   天災地變

9. 철두철미 •
   徹頭徹尾

10. 청천벽력 •
    靑天霹靂

• a. 말을 막기 어려울 정도로 여러 사람이 시끄럽게 마구 떠듦.

• b. 약속이나 기한을 조금씩 자꾸 미루는 모양.

• c. 종잡을 수 없게 덤벙이며 어리석게 구는 일. 또는 너무 급해서 정신없이 허둥거리며 날뜀.

• d. 푸짐하게 잘 차린 귀하고 맛있는 음식.

• e. 하늘이 맺어 준 인연.

• f. 하늘이 높고 푸르며 온갖 곡식이 익는 가을.

• g. 온갖 어려움을 다 겪으며 고생함.

• h. 뜻밖에 일어난 큰 재앙이나 사고.

• i. 처음부터 끝까지 빈틈이나 부족함이 없음.

• j. 홍수, 지진, 가뭄, 태풍 등의 자연 현상으로 인한 재앙.

칠전팔기 [칠쩐팔기] 七轉八起 ★☆☆

日漢 **七転八起** しってんはっき

意味 七転び八起き。何度失敗しても、あきらめず努力したり、何度も挑戦を繰り返したりすること

언니는 몇 번이나 실패한 끝에 칠전팔기로 취업에 성공했다.

姉は何度失敗しても、七転び八起きして就職に成功した。

A 또 시험에 떨어지다니 이번에는 정말 포기해야 하나 봐.

また、試験に落ちるなんて、今回は本当にあきらめなければならないかも。

B 칠전팔기라고 하잖아. 한 번만 더 도전해 보자.

七転八起というじゃないか。もう一回だけ挑戦してみよう。

타산지석 他山之石 ★☆☆

日漢 **他山之石** たざんのいし

意味 他人の誤った言行も自分の行いの参考になるということ

나는 무작정 창업을 했다가 실패한 친구를 타산지석으로 삼아 꼼꼼히 사업 준비를 했다.

私は、むやみに起業して失敗した友達を他山の石として、入念に事業の準備をした。

A 취임 소감을 한마디 해 주시지요.

就任の感想を一言お願いいたします。

B 부정부패로 얼룩진 과거를 타산지석으로 삼아 깨끗한 국정을 펼칠 것을 약속드립니다.

不正腐敗に汚された過去を他山の石として、きれいな国政を担うことを約束します。

113

▶113 ★★★

탁상공론 [탁쌍공논] 卓上空論

意味 机上の空論。頭の中でだけ考え出した、実際には役に立たない理論や考えのこと

탁상공론만 하지 말고 실질적인 타개책을 찾아봅시다.
机上の空論ではなく、実質的な打開策を探してみましょう。

A 집에 가려고? 회의에 반드시 참석하라는 말 못 들었어?
家に帰るの？会議に必ず出席するようにいわれたこと忘れた？

B 늘 탁상공론만 일삼는 회의에 참석하고 싶지 않아.
いつも机上の空論だけの会議には参加したくない。

114

▶114 ★★★

파란만장 波瀾萬丈

日漢 波瀾万丈 はらんばんじょう
意味 変化が極めて激しく、劇的であるさま

김 대통령은 생전에 죽을 뻔한 고비를 여러 번 넘기며 파란만장의 정치 인생을 살았다.
キム大統領は、生前死の峠を幾度か超えながら波乱万丈の政治人生を送った。

A 이번 특강은 너무 감동적이야.
今回の特講はとても感動的だった。

B 그러게. 파란만장한 인생을 살아 오신 분의 말씀은 역시 무게가 달라.
そうだね。波乱万丈な人生を生きてきた方の話はやはり重さが違うね。

팔방미인　八方美人

☆☆☆

日漢 **八方美人** はっぽうびじん

意味 欠点のない美人。誰からもよく見られたいと愛想よくふるまうこと、そのような人。何事にも優れている人

언니는 예쁜 얼굴에 마음도 착하고 머리도 좋아서 팔방미인이라는 소리를 듣는다.

姉はきれいな顔に心も優しく、頭も良くて八方美人と言われる。

A 우리 반 반장은 인기가 정말 많은 것 같아.

我がクラスの班長は、本当に人気者だね。

B 공부면 공부, 운동이면 운동, 못하는 게 하나도 없는 팔방미인이니까.

そういう時は、状況に応じて臨機応変に対処するしかありません。

학수고대 [학쑤고대] 鶴亀苦待

☆☆☆

意味 首を長くして待ちわびること

아들이 돌아오는 것을 학수고대로 기다렸지만 결국 만나지 못했다.

息子が帰ってくることを首を長くして待ちわびていたが、結局会えなかった。

A 아이를 가졌다니 정말 축하해요.

子供ができたって、本当におめでとうございます。

B 감사합니다. 저도 학수고대 기다렸던 만큼 정말 기뻐요.

ありがとうございます。私も待ちに待っただけに本当にうれしいです。

허심탄회 [허심탄회/허심탄훼] 虚心坦壊

★★☆

日漢　**虚心坦懐**　きょしんたんかい

意味　心にわだかまりがなく、平穏な態度で事に望むこと、
そのようなさま

사장님은 사원들과 허심탄회하게 말씀을 나누셨다.

社長は社員と虚心坦懐にお話をなさった。

A 내가 그동안 그 친구를 오해했나 봐.

私は、これまでその友達を誤解したのかも。

B 그래, 선입견을 버리고 허심탄회하게 이야기해 봐.

そうだよ。先入観を捨てて虚心坦懐に話してみて。

호시탐탐 虎視眈眈

★★★

日漢　**虎視眈眈**　こしたんたん

意味　敵や相手のすきを狙って、じっくりと機会をうかがうさま

해외시장 진출을 호시탐탐 노리고 있는 가운데 라이벌 회사가 적극적인 견제에 나섰다.

海外市場への進出を虎視眈眈狙っている中で、ライバル会社が積極的に牽制に乗り出した。

A 수지야, 말리려고 내놓은 생선 못 봤니?

スジ、乾燥させようと思って外に出しておいた魚見なかった？

B 고양이가 호심탐탐 노리더니 물고 도망갔나 봐.

猫が虎視眈々と狙っていたけど、口にくわえて逃げたみたい。

119 ▶ 119 ☆☆☆

횡설수설 [횡설수설/휑설수설] 横説竪説

日漢	**横説竪説** おうせつじゅせつ
意味	自由自在に述べたてること

그는 부인 앞에서 당황한 나머지 횡설수설 말했다.
彼は妻の前であわてたあまり横説竪説した。

A 아니. 속이려고 한 건 아니고...
　いや。騙そうとしたのではなく…

B 횡설수설하지 말고 정확하게 설명해 주세요.
　ちんぷんかんぷんな話をせず、正確に説明してください。

120 ▶ 120 ☆☆☆

희로애락 [히로애락] 喜怒哀楽

日漢	**喜怒哀楽** きどあいらく
意味	人間が持っている感情。喜び、怒り、哀しみ、楽しみ

수지는 희로애락의 감정표현이 풍부한 편이다.
スジは喜怒哀楽の感情表現が豊かな方である。

A 우리 선생님은 얼굴에 좀처럼 희로애락을 비치지 않으셔.
　私の先生は、顔になかなか喜怒哀楽を出さない。

B 응, 항상 무표정이라 정말 무슨 생각을 하는지 잘 모르겠어.
　うん、いつも無表情だから本当に何を考えているのか 分からない。

· 71 ·

✎ 사자성어와 의미를 맞게 연결하세요.

1. 칠전팔기 •
   七轉八起

2. 타산지석 •
   他山之石

3. 탁상공론 •
   卓上空論

4. 파란만장 •
   波瀾萬丈

5. 팔방미인 •
   八方美人

6. 학수고대 •
   鶴首苦待

7. 허심탄회 •
   虛心坦懷

8. 호시탐탐 •
   虎視眈眈

9. 횡설수설 •
   橫說豎說

10. 희로애락 •
    喜怒哀樂

• a. 다른 사람의 좋지 않은 태도나 행동도 자신의 몸과 마음을 바로잡는 데에 도움이 될 수 있음.

• b. 여러 번 실패해도 포기하지 않고 계속 노력함.

• c. 여러 모로 흠잡을 데 없이 아름다운 여자. 또는 여러 방면에 능통한 사람.

• d. 일이나 인생이 변화가 심하고 여러 가지 어려움이 많음.

• e. 마음에 품은 생각을 숨김없이 말할 수 있을 만큼 아무 거리낌이 없고 솔직함.

• f. 학의 목처럼 목을 길게 빼고 간절하게 기다림.

• g. 실제로 이루어질 가능성이 적은 헛된 이론이나 논의.

• h. 남의 것을 빼앗기 위해 상황을 살피며 가만히 기회를 엿봄.

• i. 기쁨과 노여움과 슬픔과 즐거움.

• j. 앞뒤가 맞지 않게 이러쿵저러쿵 말을 늘어놓음.

解答

確認問題 1

1 b	2 f	3 d	4 c	5 e
6 a	7 g	8 j	9 i	10 h

確認問題 2

1 c	2 d	3 a	4 g	5 f
6 e	7 b	8 i	9 h	10 j

確認問題 3

1 c	2 d	3 a	4 i	5 e
6 g	7 f	8 b	9 j	10 h

確認問題 4

1 d	2 h	3 i	4 a	5 e
6 b	7 c	8 j	9 g	10 f

確認問題 5

1 a	2 d	3 f	4 b	5 e
6 c	7 h	8 j	9 g	10 i

確認問題 6

1 b	2 e	3 h	4 a	5 d
6 c	7 i	8 f	9 g	10 j

確認問題 7

1 c	2 a	3 h	4 b	5 j
6 f	7 d	8 g	9 i	10 e

確認問題 8

| 1 | b | 2 | f | 3 | a | 4 | d | 5 | i |
| 6 | e | 7 | j | 8 | h | 9 | c | 10 | g |

確認問題 9

| 1 | e | 2 | d | 3 | c | 4 | b | 5 | a |
| 6 | g | 7 | i | 8 | h | 9 | f | 10 | j |

確認問題 10

| 1 | d | 2 | h | 3 | b | 4 | a | 5 | e |
| 6 | c | 7 | g | 8 | j | 9 | f | 10 | i |

確認問題 11

| 1 | a | 2 | d | 3 | b | 4 | f | 5 | c |
| 6 | e | 7 | g | 8 | j | 9 | i | 10 | h |

確認問題 12

| 1 | b | 2 | a | 3 | g | 4 | d | 5 | c |
| 6 | f | 7 | e | 8 | h | 9 | j | 10 | i |

著者略歴

林 炫情（いむ ひょんじょん）

韓国生まれ。広島大学大学院国際協力研究科博士課程後期修了。博士（Ph. D.）。

専門は社会言語学、外国語教育。現在、山口県立大学国際文化学部教授。

丁 仁京（ちょん いんぎょん）

韓国生まれ。麗澤大学大学院言語教育研究科博士後期課程修了。博士（文学）。

専門は日韓対照言語学、韓国語教育。現在、佐賀女子短期大学地域みらい学科教授。

イラストで覚える韓国語　四字熟語

初版発行 2023年4月7日

著　　者　　林炫情・丁仁京

編　　集　　金善敬

イラスト　西春菜

発 行 人　　中嶋 啓太

発 行 所　　博英社

　　　　　　〒 370-0006 群馬県 高崎市 間屋町 4-5-9 SKYMAX-WEST
　　　　　　TEL 027-381-8453/FAX 027-381-8457
　　　　　　E・MAIL hakueisha@hakueishabook.com
　　　　　　HOMEPAGE www.hakueishabook.com

ISBN　　　978-4-910132-26-6

*乱丁・落丁本は、送料小社負担にてお取替えいたします。
*本書の全部または一部を無断で複写複製(コピー)することは、著作権法上での例外を除き、禁じられています。

定　価　　1,980 円（本体 1,800 円）